AF371028

LA GRILLE DU MANOIR.

LA GRILLE

DU MANOIR,

Drame en trois Actes,

Par MM. Valory & Saint-Gervais;

REPRÉSENTÉ POUR LA PREMIÈRE FOIS, A PARIS, SUR LE THÉATRE DES FOLIES DRAMATIQUES, LE 8 SEPTEMBRE 1836.

PRIX : 1 FRANC.

Paris.

CHEZ LES MARCHANDS DE NOUVEAUTÉS.

—

1837.

PERSONNAGES.   ACTEURS.

LE COMTE DE LIVRY, Capitaine des Gardes. . . .   M. SAINT-MAR.

LA COMTESSE, sa femme . . . . { Mme CHARLES-C.
    Mlle SOPHIE.

SIRE DE BEAUMONT, Officier calviniste . . . . . . MM. JULES-JUTEAU.

SAINT-LUC, Favori d'Henry III . . . . { GEORGES.
    MASQUILLIER.

RÉMY, Jardinier du Comte . . . . PALAISEAU.

MADELEINE, sa femme . . . . { Mlles ERNESTINE.
    LÉONIDE.

UN PAGE. . . . . { FAYDI.
    VALENTINE.

JARNAC . . . . MM. BELMONT.

LANDRY . . . . FERDINAND.

Année de la Scène, 1580.

C'est pour Marguerite !

JULES-JUTEAU,

(Acte 1er. Scène dernière.)

LA GRILLE DU MANOIR.

ACTE Ier.

(Un jardin au fond, une grille qui traverse le théâtre; à gauche, l'entrée du château. La scène est dans le Poitou.)

Scène 1re.

MADELEINE, puis LE PAGE.

MADELEINE.

Quel est c'gentil cavalier qui met pied à terre dans la grande av'nue des vieux chênes?.. c'est un page... il vient de c'côté, ici même... (Le Page est à la grille). Attendez!.. attendez!.. prenez bien garde, ouvrez c'te grille avec précaution... Oh! mon dieu! il s'est blessé... Là! j'en étais sûre!

LE PAGE (boîtant).

Ce n'est rien, ce n'est rien, ma belle enfant; nous autres pages, nous sommes faits aux contusions, fractures, balafres, estocades et estafilades.

MADELEINE.

C'te m'audite grille n'en fait jamais d'autres; elle est d'une lourdeur... l'autre jour, elle a coupé la queue à Médor, l'chien courant de m'sieur d'Saint-Luc...

LE PAGE.

Elle aurait dû plutôt couper la langue à ce mignon d'Henri III. Il n'en aurait plus fait usage pour deviser malignement sur le compte des dames, et ébruiter à la cour du Louvre les mystérieuses et galantes aventures de la ville.

MADELEINE.

Comment, il dit du mal des femmes!.. faut qu'il ait l'âme bien noire... si c'était sur les hommes... à la bonne heure... y en a tant à dire!..

LE PAGE.

Comment?..

MADELEINE.

Oh! ça n'vous regarde pas, vous; un page, c'est pas un homme...

LE PAGE.

Par exemple! qu'est-ce que c'est donc?..

MADELEINE.

C'est un commencement... un joli p'tit commencement.

LE PAGE (se remettant le pied).

Là... il n'y paraît plus.

MADELEINE.

Vrai! Tant mieux... C'pendant si vous vouliez prendre queuqu'chose?

LE PAGE.

Prendre quelque chose?.. j'allais te le demander; un baiser... voilà le meilleur baume pour ma blessure.

MADELEINE.

S'il n'faut qu'ça pour vous guérir tout-à-fait... j'n'ai pas assez mauvais cœur pour vous refuser. (Il l'embrasse).

Scène 2me.

LES MÊMES, RÉMY.

RÉMY (survenant).

(A part.) J'crois qu'c'est un baiser... même deux baisers... (Haut.) Eh ben, eh ben, c'est ça, n'vous gênez pas; faites comme chez vous.

MADELEINE.

Je demandais à m'sieur s'y voulait prendre queuqu'chose.

RÉMY.

Et y s'a servi.

MADELEINE.

N'fallait-il pas que je le servissions moi-même?

RÉMY.

Mam'zelle Madeleine, aujourd'hui mam'Rémy ma femme, j'vous prév'nons que c'genre d'exercice n'va pas du tout à mon tempérament d'mari sanguin; vous n'avez pas l'droit de disposer d'la moindre joue en faveur de qui que ce soyont; elles sont à moi toutes deux pour mon usage particulier; m'sieur l'curé m'les a données avec sa bénédiction nuptiale... Femme, qui vous a dit en latin : tu appartiens t'à ton mari.

MADELEINE.

J'n'ai pas compris... j'sais pas l'latin.

LE PAGE.

Mais, mon cher, j'ai voulu m'assurer si ses jolies joues étaient aussi douces qu'elles sont roses, voilà tout.

RÉMY.

Ca n'vous r'garde pas... et c'est pour ça qu'si vous avez affaire ailleurs, j'vous prie de n'pas vous croire obligé d'nous t'nir plus longtemps compagnie... sans façon... allez-vousen... et excusez si ma femme n'vous r'conduit pas...

LE PAGE (tirant une lettre).

Ma mission n'est pas remplie... (Avec dignité.) Quelles sont vos fonctions ici?

RÉMY.

A moi ?... je suis jardinier... et concierge du château, en attendant que j'ayons la taille d'être suisse.

LE PAGE.

Eh ! bien, à vous, Rémy, jardinier du comte de Livry, capitaine des hallebardiers de Sa Majesté Henry III, ordonnons, au nom du roi, de faire parvenir, dans le plus bref délai possible, cette royale dépêche à votre noble maître... Vous m'avez entendu ?

RÉMY.

Au nom du roi!.. j'y vais... j'y vais... monsieur le page... mais c'est égal, c'est pas juste qu'on embrasse ma femme au nom du roi... cependant... non, j'n'y vais pas; mes choux me réclament... c'est ma femme qui fera votre commission.

LE PAGE.

Eh bien ! plante tes choux, et je vais aller avec la jolie Madeleine...

RÉMY.

Un instant, un instant, alors nous allons y aller tous les trois, j'aime mieux ça.

LE PAGE.

Ah ! tu finis par me lasser... je t'ordonne pour la dernière fois de porter cette dépêche à ton maître... obéis... ou bien la Bastille...

RÉMY. (A part.)

C'est ça, la Bastille... Quand y veulent que la femme prenne sa volée y mett'l'mari en cage... (Haut.) Je cours, beau page... Madeleine, tu sais qu'la soupe est sus l'feu.

MADELEINE.

Sois tranquille, al'n'bout pas encore.

RÉMY.

J'bous pour elle, moi... (A part.) Oh! les pages j'les haïs autant comme mari... qu'les hannetons... comme jardinier.

LE PAGE.

Partiras-tu ?..

RÉMY. (A part.)

Dieu!.. j'peux pus marcher... la jalousie m'tombe dans les jambes... Qu'apercevois-je?.. m'sieur l'Comte !.. Est-ce heureux ! (Haut.) Beau page, mon maître vient ici, vous pourrez faire votre commission vous même... Vrai, ça m'poigne de n'pas vous débarrasser d'ma présence.

MADELEINE.

Te v'là content, jaloux.

Scène 3me.

LES MÊMES, LE COMTE DE LIVRY.

LE PAGE (qui a repris sa dépêche).

Noble sire; de la part du roi.

LE COMTE.

Merci, page ; dites-moi, Sa Majesté, se conserve-t-elle toujours en heureuse santé? Dieu lui donne-t-il depuis quelques jours aise et joie...

LE PAGE.

Jamais Sa Majesté n'a paru plus satisfaite et plus libre de maux, et jamais non plus la cour n'a été aussi brillante et aussi animée... On s'attend à de grands événemens aux mystères desquels, monsieur le comte, vous êtes sans doute déjà initié...

LE COMTE.

Je sais indirectement ce qui se passe, depuis que la cour est à Poitiers. (A Rémy.) Rémy, conduis ce page à l'office, afin qu'il répare les forces que la longueur et la rapidité de la course lui ont fait perdre, et puis il retournera où le devoir l'appelle.

RÉMY. (A part.)

J'aim'rais ben mieux qu'il y r'tourne tout d'suite. (Haut.) m'sieur l'page n'a p't'être besoin de rien... s'il veut s'en aller, la grille est ouverte.

LE PAGE.

Obéis à ton maître.

RÉMY (au page).

Alors, venez, l'office est par ici... (A sa femme.) et toi le potager est par là.

MADELEINE.

Je l'sais ben.

RÉMY. (A part.)

Oh! qu'la jalousie est un être malfaisant!.. j'en aurai la jaunisse, c'est sûr.
(Il sortent.)

Scène 4me.

LE COMTE, puis RÉMY.

LE COMTE (lisant).

« L'ordre de me rendre cette nuit à la cour... « il faut que demain tous les officiers du roi « soient réunis... » Il est singulier que Saint-Luc, qui est revenu hier de Poitiers, ne m'ait rien appris... mais lui, si léger, si insouciant, il ne pense qu'aux anecdotes du petit lever, à faire rire le prince par des récits scandaleux ; voilà où se fixe toute son attention... Ce rôle même, il le continuerait chez moi qui suis son hôte, s'il ne savait pas que cette licence m'est odieuse, et qu'il faudrait rompre nos liaisons amicales, dès le moment où la comtesse, ma femme, serait exposée à entendre ces récits, mis en vogue par l'impudeur des courtisans et tolérées par la faiblesse du monarque...

RÉMY (entrant).

Monseigneur, j'ai conduit le page à l'office... y mange !... y mange !... Dieux! mange-t-y ! Il doit r'venir cher à ceux qui le nourrissent.... On voit ben qu'il n'est pas marié, lui.

LE COMTE.

Qu'as-tu donc, Rémy ? Comme tu es pâle!

RÉMY.

Monseigneur est ben bon de m' trouver pâle...
J'suis sûr que j'suis vert... vert comme un cornichon.

LE COMTE.

Que t'est-il donc arrivé ?

RÉMY.

C'est les suites de mon accès d'tout-à-l'heure,
d'mon accès d'jalousie... Ah! monseigneur, que
Notre-Dame-de-bon-Secours vous préserve de
c'mal-là! on dirait de la sorcellerie quoi !.. D'abord, ça vous prend comme un froid... on dit :
Ah! qu'j'ai froid ! ou ben comme un chaud....
On dit : Ah! qu'j'ai chaud !.. ça vous grimpe, ça
vous grimpe... jusque dans les cheveux..., et
puis v'là qu'ça vous r'descend, qu'çà vous r'descend dans les mollets... quand on en a.... on a
une barre sur l'estomac, on n'mange pus... on
n'boit pus... on rêvasse... on voit des grands fantômes beurre frais, qui vous font des cornes.

LE COMTE (sourlant).

Pauvre garçon... il faut tâcher de te guérir...

RÉMY.

Oh! oui, vous avez raison... je ne veux plus
êt re jaloux !... (Regardant dans la coulisse). Ah !
mon Dieu, qu'est-ce que je vois là-bas ?... un
homme qui se penche pour embrasser ma femme..
Non, que je suis bête!.. c'est le petit abricotier
en plein vent qui se balance sur une citrouille.
Décidément j' suis plus malade que j' croyais ;
j'vas de c'pas chez l'vétérinaire pour qu'il m'donne une bonne médecine de cheval contre la
jalousie. (Il sort.)

Scène 5ᵐᵉ.

LE COMTE, LA COMTESSE.

LA COMTESSE.

La présence du jeune page qui m'a donné le
salut à mon passage dans les appartemens, me
fait penser que vous avez reçu des nouvelles de
la cour ?...

LE COMTE.

Oui, comtesse, je suis mandé près du roi ; il
faut que je m'y rende cette nuit même ; peut-être touchons-nous à un moment où le prince
a besoin des bras de ses serviteurs fidèles.

LA COMTESSE.

Le sire de Saint-Luc doit, ce me semble. faire
au même moment ce voyage, il le disait hier.

LE COMTE.

Si Saint-Luc est mandé, il ne peut s'agir de
bataille bien terrible, car ses devoirs militaires
à lui, sont de camper près du lit de repos de
notre prince, de mettre le siége devant les manoirs où soupirent des châtelaines faciles...
Pauvre sire de Saint-Luc! il aurait eu une carrière moins chargée de lauriers si nous l'avions

reçu à l'école près de nous depuis plus long-temps, afin de lui prouver que dans ce siècle,
où le vice passe dans les mœurs publiques, il
est encore des femmes qui forcent l'avilissement
à se retirer devant leur vertu, et des maris qui
feraient chèrement expier la honte dont on flétrirait leurs blasons.

LA COMTESSE.

Le sire de Saint-Luc s'est toujours montré ici
noble et loyal chevalier.

LE COMTE.

De par Dieu, et Saint-Michel, comtesse, je le
sais, comme je sais que vous aussi êtes un étendard de pureté et de soumission conjugales.

LA COMTESSE.

Liée à vous par la reconnaissance la plus vive!.

LE COMTE.

Silence, comtesse, je l'ai déjà demandé, silence à ce propos. Si mon épée vouée à Dieu, a
été assez heureuse pour sauver la vie à votre
père, désigné aux terribles exécutions de la Saint-Barthélemy, ne me le rappelez pas ; votre main,
je ne l'ai point demandée comme le prix d'une
action qu'eût faite comme moi le dernier arbalétrier de notre armée; j'ai voulu, dans ce siècle
de corruption avouée, mettre une jeune fille
sous la tutelle de ma protection. Si je vous ai
demandé soumission entière et sans bornes, si je
me suis fait votre maître, c'est qu'il me fallait
conquérir le droit de dire : je veux te guider
dans la voie difficile à suivre ; je veux, qu'appuyée sur mon cœur, qui est pur, tu marches
toujours pure et jamais flétrie.

LA COMTESSE.

Et vous n'avez pas à vous plaindre, je pense,
de ma soumission, non plus que moi de votre
appui.

LE COMTE.

Agissons toujours de même, Comtesse, et
notre bonheur commun sera durable. Ah ! si le
sire de Baleins, mon frère d'armes, avait agi sous
les mêmes conditions, sa dague ne se serait pas
couverte d'un sang qu'il doit regarder avec horreur ; mais on vient ici ; c'est Saint-Luc avec un
officier calviniste.

Scène 6ᵐᵉ.

LES MÊMES, SAINT-LUC, SIRE DE BEAUMONT.

SAINT-LUC (à Beaumont, de dehors'.

Venez donc, venez donc, vous serez reçu avec
cordialité (à Livry) N'est-ce pas, sire de Livry,
que, sur ma présentation. vous accueillerez un de
mes compagnons de chasse, le sire de Beaumont.

LA COMTESSE (à part.)

Sire de Beaumont, ici! Ah! mon Dieu !...

BEAUMONT (à part .

Marguerite !

SAINT-LUC, *à part*.

Mon arrivée a fait sensation, la comtesse a pâli !

LE COMTE.

Présenté par Saint-Luc, soyez le bien-venu, sire de Beaumont... Quoique adversaires...

BEAUMONT.

Adversaires, monsieur le comte ? Nous l'avons été; mais le temps est enfin arrivé où une franche réconciliation rapproche Henri III et le prince de Navarre, et l'édit de Poitiers, convenu hier, se signera demain devant tous les chefs des armées catholique et calviniste.

LE COMTE.

Voilà donc pour quoi je suis mandé à la cour?

SAINT-LUC.

Etourdi! J'avais oublié de vous le faire savoir. C'est que, voyez-vous, dans les affaires de l'état, je n'ai bien souvenance que de celles qui se traitent à table.

LE COMTE.

Demain, dites-vous, les capitaines des deux armées seront réunis à la cour d'Henri III. Je veux que ce soit fête aussi dans ce château, comtesse. Il ne faut pas que le comte de Livry soit des derniers à témoigner sa joie d'un événement qu'il appelait de tous ses vœux; je vous charge du soin d'expédier les missives d'invitation. Le page qui m'a apporté la dépêche royale, voudra bien les remettre en retournant à Poitiers. (Il écrit.) Voici les principales personnes auxquelles nous pouvons faire invitation.

LA COMTESSE.

Nous avons peu de temps, et je vais à l'instant même remplir vos intentions.   (Elle sort.)

Scène 7me.

LE COMTE, SAINT-LUC, SIRE DE BEAUMONT.

SAINT-LUC.

Ainsi, demain nous viderons des coupes à la réconciliation, à la paix, à Henri III.

BEAUMONT.

Et à Henri de Navarre...

SAINT-LUC.

Il y aura gala auxquels les vôtres sont peu accoutumés, sire de Beaumont; car rarement vos têtes s'échauffent dans les libations des joyeux festins; le huguenot fait un peu la guerre en anachorète...

BEAUMONT.

Il est vrai, et nous dressons plus souvent nos tentes sur la paille que sur le duvet; mais on dort aussi bien, je vous jure, et le lendemain on se bat mieux; plus d'une fois Henri III a pu se repentir d'avoir bercé les vôtres dans des lits trop moëlleux.

LE COMTE.

Par exemple, à Nérac.

SAINT-LUC.

Je n'y étais pas.

LE COMTE.

J'y étais, moi.

BEAUMONT.

Oui, sire de Livry, et à telles enseignes que j'emportai un souvenir de votre bonne épée.

LE COMTE.

Oublions cela, sire de Beaumont, peut-être tôt ou tard me le rendrez-vous.

SAINT-LUC.

C'est la destinée réservée au temps où nous vivons; les hommes, enfans de la même patrie, se trouvent rangés sous des bannières diverses; ils s'égorgent pour une foi religieuse, qu'une moitié des combattans ne pratique guères et à laquelle l'autre moitié ne croit pas.

Scène 8me.

LES MÊMES, LE PAGE.

LE PAGE.

Ces lettres, que vient de me remettre la noble comtesse de Livry...

LE COMTE.

Donnez que je voie si aucun de nos amis ne serait oublié... (Il les passe en revue.) Une pour Saint-Luc.

SAINT-LUC.

C'est du superflu d'étiquette, j'aurais été fidèle au rendez-vous, sans avis... (A part.) J'étais sûr qu'elle ne m'oublirait pas...

LE COMTE.

Et une pour sire de Beaumont. Vous permettez, messieurs, que je vous les offre...

BEAUMONT (recevant).

Trop d'honneur !...

LE COMTE (au page).

Roland, le reste sera distribué sur votre route, aucune ne vous détourne du droit chemin... (Le page s'incline et sort.) Excusez-moi, messieurs, si je vous laisse un moment... j'ai quelques préparatifs de départ à surveiller. (Il sort.)

Scène 9me.

BEAUMONT, SAINT-LUC.

SAINT-LUC.

Eh bien! sire de Beaumont, comment trouvez-vous la chatelaine ?

BEAUMONT (ému).

Il y a quelques années que j'avais entendu vanter ses charmes, son esprit, sa vertu...

SAINT-LUC.

Son esprit lui est resté, ses charmes ont doublé.... Quant à sa vertu... sire de Beaumont, dans le temps où nous vivons, il peut y avoir des places fortes pour le vulgaire; mais l'homme de l'art n'en reconnaît plus d'imprenables, et...

BEAUMONT.

Et ?...

SAINT-LUC.

Et je crois la place prenable; je ne dis pas quelle soit prise... cet aveu sentirait trop l'orgueil qu'on nous reproche, à nous autres favoris du prince.... Et, par Saint-Jacques ! si nous avons plus de triomphes que le vulgaire... c'est que nous sommes plus hardis à l'attaque, plus adroits dans la retraite, plus persévérans dans les poursuites, et moins tenaces dans la possession.

BEAUMONT.

Et l'affection de la comtesse est à ajouter à vos nombreuses bonnes fortunes ?...

SAINT LUC (riant).

Parlez bas, parlez bas !... Sire de Livry n'est pas un homme de l'époque... S'il avait un soupçon, seulement un pressentiment, Dieu garde la pauvre comtesse !.. Il y a dans ces veines d'homme, de ce vieux sang de Châteaubriand qui tuait une Laval sur un simple rêve de jalousie.

BEAUMONT.

Mais enfin, quel degré d'intimité existe-t-il entre sire de Saint-Luc et la noble dame de Livry?

SAINT-LUC.

Là, en jouant cartes sur table.... je vous avoue que je crois la victoire certaine ; mais son heure n'est pas encore venue. J'ignore la durée qu'on désire mettre au combat... On veut se rendre glorieusement, je le devine; un autre que moi le saura le premier (Il tire un billet). On répondra, j'en suis sûr, à ce tendre placet, remis par un ami fidèle. Pendant ce temps, moi, je veillerai à l'absence du farouche comte... Et l'ami fidèle en qui j'espère, celui qui ne peut donner aucun ombrage au sire de Livry, dont il est à peine connu, celui enfin sur lequel j'ai compté, à charge de revanche, c'est vous, sire de Beaumont.

BEAUMONT.

Moi !

SAINT-LUC.

Eh bien! qu'y a-t-il là d'étonnant ?... Je vous donnerai dix revanches, si vous le désirez. Mais les momens sont précieux, prenez ce billet et remettez-le à la jolie comtesse.

BEAUMONT (à part).

Dirait-il vrai ? Elle... parjure !.. Je le saurai. C'est l'unique moyen de la voir seule, de lui parler sans témoins... Consentons.

SAINT-LUC.

La voilà! la voilà!.. Sire de Beaumont, je vous confie mon espérance... Je me tiendrai à l'écart, afin que vous ne soyez pas surpris par le comte.
(Il se retire.)

Scène 10me.

BEAUMONT, puis LA COMTESSE.

BEAUMONT.

La fièvre me court tout le corps... Depuis deux jours les fréquentes confidences de ce St.-Luc me bouleversent et me torturent... Mon Dieu ! mon Dieu ! faut-il donc douter de tout sur la terre?.. Suis-je venu ici pour y trouver une femme perfide, ou un être digne de mon amour?.. Je vais le savoir...

LA COMTESSE.

Vous, seul ici, sire de Beaumont?

BEAUMONT.

Votre cœur, Madame, en désirait peut-être un autre... et vos yeux le cherchaient?

LA COMTESSE.

Mes regards ne pourraient chercher que mon noble époux, le seul à qui le devoir m'attache; mais comment m'expliquer votre présence ici, sire de Beaumont? Cette rencontre avec le sire de Saint-Luc, n'est-elle point un vain prétexte ? Dites, n'avez-vous pas cédé au désir de voir Marguerite ? Si elle était moins maîtresse d'elle-même, elle pourrait céder aussi quelquefois de son côté au désir de rencontrer sire de Beaumont... Oh ! oui, n'est-ce pas vous avez faibli, comme moi aussi j'ai faibli, en vous inscrivant au nombre des conviés à la fête... mais en ce moment il faut vous éloigner...

BEAUMONT.

M'éloigner!.. Oh ! je ne ferai point ici un long séjour; mais il faut que je vous parle, Madame, il le faut pour le repos de ma vie, pour le calme de mon ame !.. il le faut, pour que je sache enfin si le ciel, dans ses créations bizarres, peut jeter dans le corps d'un ange, un cœur nourri de toute la corruption de l'enfer!

LA COMTESSE.

Que voulez-vous dire, sire de Beaumont ? Avez-vous le droit de flétrir un cœur, parce que sa seule faute a été de battre pour vous, jusqu'au moment où l'impérieuse voix du devoir est venu lui commander, non pas l'oubli, mais la résignation ?...

BEAUMONT.

Marguerite, êtes-vous toujours la femme aux discours francs et naïfs, ou bien êtes-vous devenue une syrène aux paroles astucieuses et mensongères?... Je le saurai de vous, de vous-même aujourd'hui; l'absence de votre époux facilitera l'entrevue... et ce soir... cette nuit...

LA COMTESSE.

Que me proposez-vous ?

BEAUMONT.

Je le demande à Marguerite d'autrefois... un instant d'entretien, et puis après, l'exil... l'exil pour la vie...

LA COMTESSE.

Prenez garde... sire de Saint-Luc revient vers nous.

BEAUMONT (à part).

Il semble que sa présence redouble son émotion. (Bas.) A ce soir, à ce soir, n'est-ce pas?.. Ah ! répondez moi !...

LA COMTESSE.

Je ne le puis.

Scène 11me.

LES MÊMES, SAINT-LUC, puis LE COMTE.

SAINT-LUC (à part).

Prévenons l'arrivée de sire de Livry. (Haut.) Ah ! le comte n'est pas près de vous?.. je le croyais... il n'était pas loin... le voici de ce côté. (Bas à Beaumont.) Et mon billet ?

BEAUMONT.

Impossible de le remettre... l'entretien a trop peu duré.

SAINT-LUC.

La partie n'est pas perdue, l'occasion du départ de sire de Livry nous sert... je l'accompagnerai, et vous reviendrez; voici qui vous en donnera les moyens... C'est une double clé de la grille, par prévoyance je m'en étais muni.

LE COMTE.

Il se fait tard... nous n'avons que le temps nécessaire pour nous rendre à la cour, et y arriver au lever du roi... Ah ! demain il sera bien triste ce lever, n'est-ce pas sire de Saint-Luc ? on n'y parlera que d'affaires graves.

SAINT-LUC.

Eh bien ! cher comte, nous reviendrons ici chercher la joie et le plaisir... (Il regarde la comtesse.)

LE COMTE.

Adieu, comtesse... je serai le moins possible absent ; l'air de la cour est trop pesant pour moi, et ma brusque franchise est trop lourde pour messieurs les courtisans. Ne venez-vous pas aussi en notre compagnie, sire de Beaumont ?....

SAINT-LUC.

Oh ! non, le sire de Beaumont nous accompagnera seulement jusqu'à la faisanderie... Il faut qu'il retourne au domaine de Coteville prendre sa tenue de présentation.

BEAUMONT.

Les soldats d'Henri de Navarre n'ont ni dorures, ni pierreries à montrer. A défaut de costume de parade, j'irai quérir mon sabre de bataille pour le présenter à Henri III, et lui dire ,

que le monarque catholique le trouvera fidèle, comme il le fut au prince calviniste. (Ils sortent.)

Scène 12me.

LA COMTESSE (seule).

Pourquoi a-t-il paru ?... Depuis mon union avec le sire de Livry, il s'était tenu loin de moi... A-t-il craint que son souvenir ne s'affaiblit dans mon cœur ? Mais n'ai-je pas mon enfant pour me le rappeler sans cesse... ma fille , que mon noble époux, sans le savoir, a légitimée de son nom... Pourquoi?.. (A Rémy qui entre.) Rémy, le comte ne revient pas ce soir... vous fermerez les portes.. le plus tôt possible.. à l'instant même..
(Elle rentre pensive.)

Scène 13me.

RÉMY, MADELEINE.

RÉMY.

Fermer les portes... je n'demande pas mieux, et plutôt à deux tours qu'à un seul... C'est une jouissance pour moi d'fermer les portes et les grilles...

MADELEINE.

T'es si poltron.

RÉMY.

Je ne serais peut-être pas si poltron, si tu n'étais pas si brave, mam' Rémy; un homme ne t'épouvante pas, toi... quand il est gentil.

MADELEINE.

Tiens ! bien sûr.

RÉMY.

Eh ben! moi , tant plus il a une jolie figure , tant plus qu'il m'fait peur... Dieu ! que j's'rais heureux si gn'y avait dans l'monde que des singes et moi !..

MADELEINE.

Ça ferait un joli coup-d'œil...

RÉMY.

Qu'est-ce que tu regardes de c'ôté là ?

MADELEINE.

Moi, je r'garde la lune...

RÉMY.

La lune, c'est pas vrai ; j'vois une ombre... une ombre qui marche... Ah ! c'est la mienne..

MADELEINE.

Ah ! çà, est-ce que tu n'auras pas bientôt fini avec ta jalousie ?

RÉMY.

Fini.. Mais je n'demande pas mieux d'en finir; tu crois p't'être qu'ça m'amuse de m'dessécher comme du chiendent? Tiens , Madeleine, tu vois ben... quelqu'un qui m'dirait : Rémi, pour que tu n'soyes plus jaloux , il faut qu'ta femme devienne bancale, borgne, tortue.. et ben! tu m'croiras si tu veux, j'accepterais tout de suite.

MADELEINE.

Bien obligé... A c'compte-là j'aime mieux qu'tu restes jaloux toute ta vie, quand même tu devrais en crever de dépit

RÉMY.

J'vois ben qu'tu n'm'as jamais aimé... Venez, femme coquette et perfide, rentrons ; et j'vous défends de regarder la lune.

MADELEINE.

Par exemple ! J'veux la regarder la lune.

(Ils sortent.)

Scène 14me.

LA COMTESSE (au balcon), SIRE DE BEAUMONT ensuite.

LA COMTESSE.

D'inquiètes pensées me possèdent ; cette nuit n'aura pas pour moi de repos... Le calme que mon cœur avait retrouvé va-t-il disparaître ? En vain je chercherais un peu de sommeil....

(Elle va pour se retirer ; dans le fond on voit passer sire de Beaumont.) Il me semble entendre marcher... Si le comte, mon époux, avait changé de résolution... Ecoutons !.. On vient... on approche... Oh ! mon Dieu, une terreur soudaine s'empare de moi ; Rémy, Madeleine ne peuvent sommeiller encore, descendons les appeler.

(Elle fait un pas sur la scène.)

BEAUMONT.

Silence, Marguerite !.. N'ayez aucune crainte, ne poussez aucun cri de secours, c'est le sire de Beaumont qui se présente ; trop faible pour être à craindre et trop malheureux pour être repoussé.

LA COMTESSE.

Quelle imprudence, sire de Beaumont ! quel manque de foi à vos promesses !..

BEAUMONT.

Marguerite, si l'un de nous deux est coupable d'oublier un pacte solennel, ce n'est pas à sire de Beaumont qu'il faut en faire reproche... Il fut un temps où vous et moi pouvions, sans être coupables, profiter des ombres de la nuit pour nous dire nos mutuelles pensées. La destinée a voulu que j'abdiquasse en faveur d'un autre des droits que votre amour, et un gage plus tendre encore, m'avaient donnés à votre main, je l'ai fait ; et j'aurais continué à tenir ma promesse d'éloignement, si je n'avais eu à vous demander compte de la manière dont vous teniez un serment... Alors j'ai voulu vous voir, j'ai employé le prétexte d'une rencontre de chasse... et de ma démarche, madame, dépend mon arrêt de mort, ou ma résolution de vivre encore, pour honorer et chérir celle que, jusqu'à présent, j'ai regardée comme la plus digne d'être honorée et chérie.

LA COMTESSE.

Mais qui pourrait me ravir la noble estime

que vous me devez ?... Tous deux, sire de Beaumont, nous avions rêvé le bonheur et l'union, et vous savez si j'ai pu voir sans larmes mes plus chères espérances s'évanouir ; il nous a fallu à tous les deux de la force, de l'héroïsme même, pour comprendre que, fille d'un huguenot, je me devais à l'homme de courage qui avait sauvé mon père, et qui exigeait ma main pour récompense. Pourquoi donc aujourd'hui la force vous manque-t-elle pour accomplir entièrement l'œuvre du sacrifice ?... Faut-il que seule je la retrouve ?.. je la retrouverai... Et je vous demanderai, sire de Beaumont, si vous êtes bien le digne héritier de cette famille chevaleresque qui a donné tant de gages de ses affections héroïques et discrètes ; qui toujours était prête à sacrifier son bonheur et sa vie à la renommée des dames ? Vous êtes de ces Beaumont, vous, qui, à la lueur des astres du soir, pénétrez par ruse et comme un malfaiteur, dans un asile où tout doit vous dire qu'il n'y a pour nous réunis, que larmes, et pour moi... la honte et le mépris, si un regard nous surprenait...

BEAUMONT.

Je le répète, Marguerite, j'aurais respecté votre retraite, si un autre qu'un époux n'était pas venu me faire comprendre que, parjure à votre premier amour, vous étiez au moment d'accorder à un rival, cette tendresse que vous affectiez de me reprendre par héroïsme ; et cet autre, savez-vous que c'est moi qu'il a choisi pour ambassadeur ? savez-vous qu'il m'envoie près de vous, afin que vous me disiez : oui, je l'aime.. Tenez, lisez, Marguerite...

LA COMTESSE *(émue près de sa lampe).*

De qui est ce message ?

BEAUMONT.

Du sire de Saint-Luc.

LA COMTESSE.

Quelle injure ! Saint-Luc, élever ses yeux sur moi... me faire l'aveu de son amour... et espérer..... Ah ! *(Elle se cache la figure.)* Ah ! qu'ai-je donc pu faire pour mériter ce degré d'avilissement ? Si j'étais encore jeune fille, je n'aurais que du dédain pour cet homme ; mais épouse du comte de Livry, c'est avec la plus profonde horreur que je lui renvoie ses hommages. Dites-le lui bien, sire de Beaumont.

BEAUMONT.

Marguerite ! vous me rendez la vie.

LA COMTESSE.

Et c'est vous qui avez pu ajouter foi aux discours de ce déloyal ! Sire de Beaumont... la veille de son hymen forcé, Marguerite de Beaumanoir a dit à un homme à genoux près d'elle : tu seras mon premier et mon dernier amour... Il y a de cela cinq ans, et Marguerite est restée et restera toujours fidèle à son serment...

BEAUMONT.

Grâce, grâce, Marguerite, pour l'insensé qui a pu croire un moment à la chûte de l'ange.... Grâce ! grâce ! oubli pour sa faute, souvenir pour son amour.

LA COMTESSE.

Sire de Beaumont... éloignez-vous, il le faut... Je vous en prie.

BEAUMONT.

Que j'entende encore de votre bouche ce doux nom qu'elle me donnait , et qui répondait si bien à celui de Marguerite.

LA COMTESSE.

Arthur !... Arthur ! mon ami !

BEAUMONT.

Oui, c'était mon nom de tendre causerie....

LA COMTESSE.

Par pitié !.. si on venait... si le comte....

BEAUMONT.

Parle-moi , parle-moi d'un être qui m'est aussi bien cher !...

LA COMTESSE.

Ma fille... (Elle lui pose la main sur la bouche.) Silence ! Dieu protége l'ange ; elle fait l'orgueil et la joie de sa mère.

BEAUMONT.

Demain... à la fête... je la verrai, n'est-ce pas ?... un moment !...

LA COMTESSE.

Oui, oui ; mais de grâce, Arthur, éloignez-vous.

BEAUMONT.

Et puis à la fète, Marguerite aura pour moi un doux regard, un soupir... Dis-le encore , Marguerite, dis-le.

LA COMTESSE.

Oui , Arthur !... (Elle le pousse tendrement.) Adieu !... adieu...

ARTHUR.

Déjà nous séparer !

MARGUERITE.

Il le faut... A demain.

ARTHUR (lui baisant la main).

A demain. (Elle rentre.) Ah ! mon cœur me dit qu'il y aura encore pour moi quelques beaux jours... Maintenant songeons à la retraite...

Scène 15me.

DE BEAUMONT, puis la COMTESSE.

BEAUMONT.

L'obscurité est devenue plus profonde ; la porte de la grille est de ce côté... J'y suis... Ah! mon Dieu ! la clé est tombée. (Il cherche.) Où donc est-elle ?.... Je ne puis la découvrir.... Qu'importe... Laissons-la. Il suffira de tirer à moi la grille... Adieu, adieu, Marguerite, à demain. (Il referme la porte sur lui et pousse un cri.) Ah ! ah !...

LA COMTESSE (au balcon).

Il m'a semblé entendre un cri... Non, non, c'est un jeu de mon imagination troublée. (Elle ferme la fenêtre.)

BEAUMONT.

Ah ! que je souffre !.. La grille m'a pris et brisé la main... Elle me retient par deux doigts. Que je souffre !.. Si un seul cri était entendu , je perdrais la comtesse !.. Vains efforts pour me dégager !.. Voyons... oui, cette arme peut seule me rendre libre. Dieu! donne-moi la force de souffrir la douleur sans me plaindre... C'est pour Marguerite !.. (On le voit prendre son couteau de chasse de la main droite , il l'approche de sa main gauche de laquelle il sépare les deux doigts engagés dans la grille ; il pousse un cri ; la toile tombe.)

ACTE II.

Une galerie gothique.

Scène 1re.

LA COMTESSE.

Comme les heures de la nuit se sont écoulées rapides et délicieuses... toute ma pensée était à lui... je le reverrai !... encore une fois, aujourd'hui, à la fête... sous l'inspection de tous les regards... et puis après, un adieu !.. un adieu pour toujours... On entre dans la cour du château... c'est le comte de Livry... Je ne sais quel singulier effet sa présence produit aujourd'hui sur moi... il me semble que sa figure a pris une plus forte expression de rudesse et de sévérité...

Scène 2me.

LA COMTESSE, LE COMTE.

LE COMTE (brusquement).
Salut et bonjour, Comtesse...

LA COMTESSE.
Déjà de retour, comte !.. Mais qu'avez-vous ?. vos traits sont altérés... sans doute quelques discussions à la cour ? quelques sévères paroles contre les mœurs dont vous blâmez la dépravation hautement et sans crainte ?..

LE COMTE.
Non, comtesse, un autre sujet m'occupe... C'est une étrange chose à laquelle je pense... Je viens d'en avoir connaissance en entrant au château...

LA COMTESSE.
Qu'est-ce donc ?

LE COMTE.
Quelqu'un a pénétré ici... pendant mon absence... cette nuit !...

LA COMTESSE.
Cette nuit ?... qui peut vous faire croire ?...

LE COMTE.
J'en ai la preuve ; on est entré par la grille qui donne en face le pavillon que vous habitez.

LA COMTESSE.
Et vous en avez la preuve, dites-vous ?...

LE COMTE.
La preuve irrécusable... Rémy, ce matin, en ouvrant la grille, a d'abord aperçu du sang aux barreaux et sur le sol ; en deçà de la grille, il a vu des lambeaux de chair sanglante, et deux doigts séparés d'une main, gisaient à terre...

LA COMTESSE (à part).
O ciel ! (se remettant.) Mais, sans doute, quelque malfaiteur... un de ces brigands faisant partie des bandes nomades, qui depuis quelque temps...

LE COMTE.
Non, comtesse, ce n'est point un malfaiteur de basse classe, un vagabond, rebut de la roture, qui est venu ici... C'est un gentilhomme... ou du moins un homme de haute profession ou de naissance ; aux soins et à la blancheur de la main, on reconnaît à quelle classe appartient un mutilé... C'était un gentilhomme... En sortant, la main du fugitif aura été prise dans la grille, et, pour ne pas rester honteusement au piége, il a demandé secours à sa dague, ou à celle d'un auxiliaire de son entreprise... Mais vous, madame, placée si près du lieu de la scène, n'avez-vous entendu aucun bruit ?..

LA COMTESSE.
Aucun.

LE COMTE.
Mais, à votre tour, comme vous êtes émue ?

LA COMTESSE.
Emue !..

LE COMTE.
Oui, comtesse, vous êtes dans une agitation... Auriez-vous quelque indice ?.. Vous aurait-on menacée ?..

LA COMTESSE.
Moi ?.. non, non...

LE COMTE.
J'ai donné ordre de battre les environs, et de suivre, s'il est possible, les traces de la blessure saignante ; peut-être serai-je assez heureux pour découvrir le coupable... Vous le désirez comme moi, n'est-ce pas, comtesse ?.. Voici Rémy.

LA COMTESSE (à part).
Je ne sais quels affreux présages viennent m'assaillir...

Scène 3me.

LES MÊMES, RÉMY.

LE COMTE.
Eh bien ! Rémy, as-tu découvert quelque chose ?

RÉMY.
Non, Monseigneur, j'ai cherché partout, en dedans, en dehors, aux environs, sur le gazon, sous les arbres ; impossible de trouver le reste d'homme dont nous avons déjà un morceau.

LE COMTE.
Aucune trace ?...

RÉMY.

Cependant faut être de bon compte ; j'ai fait une trouvaille qui ne mène pas à grand chose ; mais enfin, c'est une trouvaille ; et, comme dit le juge du pays, règle générale, dans une affaire, la justice s'empare de tout ; je me suis donc emparé d'une feuille de papier sur laquelle il y a des traces de sang.

LE COMTE.

Donne !

RÉMY.

Oh! ce n'est pas grand chose... parce que, si c'est une lettre, je pense bien que le voleur l'aura volée ailleurs ! ou bien, si elle lui est adressée, il aura fait mettre , comme tous ces gens-là , une fausse adresse et peut-être un faux nom. (Il cherche.) Eh ! bien ?... Ah ! le voilà !

LE COMTE (bas à part).

Ce papier couvert de sang... il aura servi à essuyer le fer... il n'en reste qu'un fragment ; mais sous le sang, les caractères sont encore lisibles... c'est une page d'une lettre d'invitation.

RÉMY.

Monseigneur a parlé de page.... Oh! une idée... si c'était le page d'hier... s'il avait perdu une partie de sa main pour venir faire un doigt de cour à Madeleine... Il faut que j'éclaircisse ce mystère nocturne. (Il sort.)

Scène 4me.

LE COMTE, LA COMTESSE.

LE COMTE.

Je vous disais bien , Madame, que c'était un gentilhomme... Il devançait l'heure des fêtes; il craignait sans doute le bruit d'une assemblée... il venait avant les autres... et seul... Nous le connaîtrons ce chercheur de périls nocturnes, ce chevalier qui rôde dans l'ombre. La fête va commencer... les invités ne tarderont pas à paraître, nous saurons celui qui manquera au rendez-vous... Je vais prendre la liste dressée par vous, et moi-même je présiderai à la présentation. (Il sort.)

Scène 5me.

LA COMTESSE.

C'est lui, c'est sire de Beaumont... je ne m'étais pas trompée... ce bruit que j'avais cru entendre, était parti de sa poitrine oppressée ; c'était un soupir étouffé de douleur... Qu'il a dû souffrir!.. Pour moi, pour mon honneur, il a poussé le dévoûment jusqu'à l'héroïsme... Mais l'heure approche où tout le monde va venir... tout le monde... lui seul excepté... son nom restera seul sur la liste fatale... Oh ! mon Dieu! mon Dieu !

Scène 6me.

LA COMTESSE, MADELEINE.

MADELEINE (entrant , un bouquet à la main).

Madame , j'vous apporte vot' bouquet pour la fête.

LA COMTESSE.

Merci , mon enfant... Tes yeux sont rouges, Madeleine... tu as pleuré ?..

MADELEINE.

Ah ! oui , madame ; depuis que j'suis mariée, j'suis la plus malheureuse des filles.

LA COMTESSE.

Rémy ne t'aimerait-il pas ?..

MADELEINE.

Au contraire, il m'aime trop ; ça l'rend d'une jalousie, d'une jalousie, à en devenir encore plus bête qu'y n'était... Enfin il est jaloux d'tout, quoi ! de c'que je regarde, de c'que je bois, de c'que je mange... Croiriez-vous qu'hier à dîné, j'dis : oh! la soupe aux choux! j'l'aime ben , moi, la soupe aux choux ! Mame Rémy, qu'y m'répond , en m'faisant ses gros yeux, vous n'-devez aimer qu'vot'mari... Êtr' jaloux d'la soupe aux choux , faut-il êtr' bête !..

LA COMTESSE.

C'est à toi de ne lui donner aucun sujet d'inquiétude.

MADELEINE.

C'est c'que je fais , mame la Comtesse ; mais un jeune homme ne peut pas approcher sa bouche de ma joue, sans qu'y croie tout d'suite que c'est un baiser qu'y m'donne ; enfin , depuis l'aventure de la grille, il est comme un possédé après moi ; il veut absolument que ce soit le page d'hier qui soit venu cette nuit... Vous ne le croyez pas, n'est-ce pas, mame la comtesse ?..

LA COMTESSE (à part).

Serait-ce possible ?.. Oh ! non ; à cet âge, on n'aurait pas le courage nécessaire pour supporter, sans se plaindre, une si violente torture.

MADELEINE.

Il dit qu'il n'y a qu'un amoureux qui puisse se laisser prendre aussi maladroitement, parce que , dit-il , il pense plutôt à son amour qu'à sa sûreté... enfin, il dit tout c'qu'un jaloux peut dire... Dieux ! m'a-t-il trompée , c't'être-là ! moi qui croyais épouser un agneau, c'est avec un loup que j'm'suis mariée!.. j'puis dire que j'ai été joliment attrapée!.. Oh ! je l'vois ben, pour les jeunes filles, l'mariage est une vraie souricière !...

RÉMY (dans la coulisse).

Madeleine ! Madeleine !...

MADELEINE.

T'nez, le v'là déjà qui m'appelle. Faut toujours que j'soyons auprès d'lui... s'y pouvait, y

m'mettrait dans sa poche , et son mouchoir par-
dessus.   (Elle sort.)

Scène 7me.

LE COMTE, LA COMTESSE.

LE COMTE (la liste à la main).

A chaque arrivée une marque... le nom de
l'absent nous donnera celui du coupable. (A part.)
Comme la comtesse est émue !... Oh ! bientôt
ce mystère sera dévoilé.

LA COMTESSE (affectant un air de calme).

Puis-je vous aider en quelque chose ?

LE COMTE.

Merci de vos soins , comtesse ; présidez à la
fête, soyez-en la reine, le reste me regarde seul.

LA COMTESSE (à part).

Mes genoux se dérobent sous moi !

Scène 8me.

LES MÊMES, DES INVITÉS.

(La musique prélude , des domestiques vont et viennent , et font des préparatifs.)

JARNAC (appelant à haute voix).

Le sire de Soubise! (Le sire de Soubise salue la
comtesse et se retire.) Les comtes de Belgarde ,
de Brouage , de Valançay et de Romigny.
(Ces quatre derniers saluent et passent dans une salle
voisine.)

LA COMTESSE.

Il ne vient pas, mon Dieu ! mon Dieu ! c'était
lui.

JARNAC (annonçant).

Le sire de Juvisy, le comte de Morigny!

LE COMTE.

(Il revient à la Comtesse , de plus en plus inquiète).

Madame, le cercle de mes soupçons se rétrécit
beaucoup... il n'y a plus sur la liste que les sires
de Beaumont et de Saint-Luc... un des deux
arrive... Nous allons donc savoir la vérité...

JARNAC (annonçant).

Le sire de Beaumont!

LE COMTE (à part).

A Saint-Luc la mort!.. je m'étais trompé dans
mes soupçons !... ils auraient plutôt atteint le
sire de Beaumont.

LA COMTESSE (émue).

Lui! lui!.. oh! mon Dieu ! je ne puis croire à
sa présence... le ciel a eu pitié de mes affreuses
angoisses.

LE COMTE (à Beaumont).

Sire de Beaumont, vous êtes de ces hommes
qu'on voudrait voir arriver les premiers, pour les
conserver plus long-temps... Puissent nos princes
former une alliance qui nous permette de rester
long-temps amis.

BEAUMONT.

Plaise au ciel, Comte!.. mais l'horizon me-
nace, il est gros de tempêtes... (A la Comtesse.)

Madame la Comtesse veut-elle bien accueillir
l'expression de mes respectueux hommages...

LA COMTESSE.

Je les accepte, sire de Beaumont , comme ve-
nant d'un chevalier, noble gardien d'honneur...
(A part.) Par quelle fatalité Saint-Luc a-t-il pu
s'exposer... aurait-il voulu s'introduire...

JARNAC (annonçant).

Sire de Saint-Luc.

LE COMTE ET LA COMTESSE.

Sire de Saint-Luc ?

LE COMTE.

Je m'y perds!

LA COMTESSE.

Serait-ce en effet le jeune page ?.. je ne sais à
quelle pensée m'arrêter... (Le Comte est pensif.)

SAINT-LUC.

Eh bien ! qu'avez-vous donc, cher Comte ?
Vous me regardez comme on ferait d'un spectre
arrivant aujourd'hui des croisades ; me faites-
vous aigrelette mine , comme dit notre joyeux
Henri III , parce que je suis un peu en retard
pour la fête ?..

LE COMTE.

Jamais votre présence, Saint-Luc, ne me fit
plus de plaisir.

SAINT-LUC.

A la bonne heure ; et pour répondre par une
galanterie à un compliment, je vais vous montrer... (Beaumont devient pâle et faible.) Eh bien!
qu'a donc sire de Beaumont? A son tour, c'est
lui qu'on pourrait prendre pour un fantôme,
car il en a les couleurs...

BEAUMONT.

Ce n'est rien. (A part.) Que je souffre ! (Haut.)
Ce n'est rien , une vieille douleur qui de temps
à autre, fait un petit retour... C'est un coup d'ar-
quebuse que je reçus à l'affaire de la Rochelle...
Nous étions bien près l'un de l'autre , comte de
Livry, vous souvient-il ?... et peut-être est-ce
un petit présent de guerre, reçu de vos mains...
(Il sourit.)

SAINT-LUC.

Que Dieu , Henri III et le prince de Navarre
le veuillent, et vous pourrez prendre revanche...
C'est un coup de dés de champ de bataille...
(Otant son gant.) Je disais donc qu'on vient de
présenter à la cour, une nouvelle et satyrique
composition d'un jeu de cartes qui, sous la
forme allégorique , nous lance , à nous autres
favoris, une forte volée d'épigrammes sanglantes.
Tenez, tenez, prenez une carte de chaque main,
Juvisy, et vous, de Morigny... vous aussi, sire
de Beaumont.

(A ce moment l'orchestre qui avait cessé , reprend ;
et, entendant la ritournelle, Beaumont se dispense
d'accepter une des cartes offertes par Saint-Luc.

Eh ! bien, sire de Beaumont ?..

BEAUMONT.

Pardon, sire de Saint-Luc; mais les danses nous réclament, et je vais offrir la main à madame la comtesse. (La comtesse prend la main de Beaumont.)

LA COMTESSE (bas).

Encore aujourd'hui, sire de Beaumont... et après ce jour... jamais.

BEAUMONT.

Jamais ?...

LA COMTESSE.

Oh! comprenez-moi bien... changez d'affection à mon égard... estime au lieu d'amour, il le faut... je vous le demande...
(Elle lui presse la main.)

BEAUMONT (jette un cri de douleur).

Ah !

LA COMTESSE.

Ciel ! quelle affreuse révélation...

LE COMTE (qui les a suivis des yeux).

(A part.) Qu'éprouve donc le sire de Beaumont de si extraordinaire?... cette douleur revient souvent... et à la main ?..

LA COMTESSE.

Arthur, j'ai deviné votre acte de courage héroïque.

BEAUMONT.

Silence, Marguerite, on nous observe.
(L'orchestre fait entendre des sons plus vifs ; Beaumont donne la main à la comtesse, les seigneurs et leurs dames, sortent par le fond.)

Scène 9me.

LE COMTE (seul).

C'était le sire de Beaumont!.. son secret est devenu le mien... Tant de courage avec tant de fourberie!.. Observons ses mouvemens... Ce ne peut être une ancienne blessure qui le fasse autant souffrir... Avant peu, je saurai si c'est le mutilé de la nuit dernière...

Scène 10me.

LE COMTE, RÉMY.

RÉMY (pensif).

Infâme page!.. oh! c'était lui!.. c'était lui... il n'y a pas de doute... mais, est-ce avant l'entrée, est-ce à la sortie, que l'événement lui est arrivé... C'est fort intéressant pour moi cela....
(Au Comte.) Monseigneur, une importante révélation à vous faire... Je sais quel est l'infâme qui...

LE COMTE.

Eloigne-toi.

RÉMY.

Allons enfermer ma femme.   (Il sort.)

LE COMTE.

Il quitte la danse..

Scène 11me.

LE COMTE, DE BEAUMONT, LA COMTESSE, LES INVITÉS.

LA COMTESSE.

Cette danse vous a fait souffrir.

BEAUMONT.

Ce n'est rien, Madame, il est des douleurs plus difficiles à supporter...

LE COMTE (haut).

Après les danses, les nobles jeux, messeigneurs; et il sera agréable aux dames de voir ici un carrousel en leur honneur... Je vous désigne, Saint-Luc, pour lutter à la javeline boutonnée, avec un des seigneurs de l'assemblée... Tenez, pour adversaire, prenez... Sire de Beaumont.

LA COMTESSE.

Comme il le regarde... que va-t-il faire ?

BEAUMONT.

Moi?... Mais si d'autres désiraient...

LE COMTE.

C'est à vous que j'offre, sire de Beaumont... c'est à vous d'accepter.
(Beaumont prend la javeline de la main droite.)

Non, non, pas de cette main, sire de Beaumont, c'est de la gauche que doit s'exécuter ce nouvel exercice des tournois modernes.

BEAUMONT.

Je ne puis en ce moment, noble sire, me livrer à ce jeu qui demande le libre usage des forces... les miennes un peu affaiblies....

LE COMTE.

A d'autres donc, messieurs, à Juvisy et au sire de Brouage... Dans le rond-point du parc, les adversaires trouveront une arène plus spacieuse. Saint-Luc, offrez la main à la comtesse.. Sire de Beaumont veuillez rester.

LA COMTESSE.

Que présage ce sinistre regard? (Tous sortent.)

Scène 12me.

BEAUMONT, LE COMTE.
(Il a parlé bas aux soldats.)

BEAUMONT.

Noble Comte, quel motif fait que vous m'appeliez ici en confidence ?

LE COMTE.

Vous allez le savoir... et quand vous le saurez, vous ne trouverez personne à qui le dire.

BEAUMONT.

Que signifie ce langage ?

LE COMTE.

De tous côtés de cette enceinte, lisez la réponse. (Des hommes d'armes paraissent.)

Scène 13me.

LES MÊMES, HOMMES D'ARMES.

LE COMTE.

Sire de Beaumont... vous êtes mon prisonnier.

BEAUMONT.

Trahison !...

LE COMTE.

Non, sire de Beaumont, justice! (A un homme.) Ecuyer, allez dire à tous les gentilshommes, mes conviés, que je les invite demain à une autre fête...

LA TOILE TOMBE.

ACTE III.

Le théâtre est divisé en deux parties. — A droite, une chapelle gothique avec une statue du connétable de Livry. — Une porte conduit à un cachot, dont la partie d'avant est une oubliette fermée par une bascule.

Scène 1re.

LE COMTE, JARNAC (il est en scène).

LE COMTE (arrivant).

C'est bien, tu es exact, fidèle Jarnac.

JARNAC.

Toujours prêt à vous servir, monsieur le comte, comme jadis mon père servit celui de votre noble épouse, quand il le plaça geôlier au moustier d'Amboise; de père en fils, nous avons fait preuve de dévoûment à nos maîtres, et vous pouvez compter sur moi.

LE COMTE.

C'est bien !... t'appeler ici, c'est te faire comprendre que j'ai besoin de ton zèle... tu connais le mécanisme de ces vieilles oubliettes?

JARNAC.

Oh ! oui; deux fois en de graves circonstances, sous votre noble père, elles ont prêté aide à la vengeance.

LE COMTE.

Aujourd'hui, il faut qu'elles deviennent un instrument de justice... Les ressorts usés par le temps, sont peut-être hors d'état de fonctionner?

JARNAC.

N'ayez pas cette crainte, noble comte, le mécanisme fut établi par Paolo-le-Vénitien, si habile en ces sortes de travaux... Depuis le seuil du cachot, qui est dans le renfoncement, tout le plancher, construit en bois et en fer, joue sur lui-même ; et la victime tombe de la geôle dans l'abîme, dont l'œil n'a jamais mesuré la profondeur.

LE COMTE.

Montre-moi le moyen de faire jouer la trappe.. c'est la poignée creusée de la vieille dague du connétable, qui sert de ressort ?

JARNAC.

Et en poussant, le gouffre s'ouvre et reçoit la victime... tenez regardez... (Il appuie sur la garde de l'épée du connétable.)

LE COMTE (entr'ouvre la porte de la geôle et regarde.

C'est bien.

JARNAC.

En cessant d'appuyer, l'oubliette se referme d'elle-même.

LE COMTE.

Le gouffre attend sa proie, il ne tardera pas à la recevoir...

Scène 2me.

LES MÊMES, LANDRY.

LANDRY.

Monsieur le comte, les nobles seigneurs conviés par vous hier, sont tous arrivés et s'inquiètent de votre absence... ils attendent votre retour dans la grande galerie d'armes.

LE COMTE.

Qu'ils soient tous conduits ici... sois leur guide, Jarnac. (Jarnac sort.) Toi, Landry, que les ordres que je t'ai donnés soient exécutés...
(Landry sort.)

Scène 3me.

LE COMTE, puis LES INVITÉS, St.-LUC.

JARNAC (dans la coulisse).

Par ici, messeigneurs. (Ils entrent.)

LE COMTE.

Soyez les bien-venus, Messieurs. Vous ne vous attendiez pas à ce lieu de réception... n'est-ce pas?...

Scène 4me.

LES MÊMES, SAINT-LUC.

SAINT-LUC.

Je vous en fais mon compliment, sire de Livry, cette salle peut être très-belle en souvenir d'histoire ou de famille, mais pour une réunion de danse et de joie, elle est un peu nue et surtout un peu froide.

LE COMTE.

J'ai pensé à l'observation, Saint-Luc ; aussi vous pouvez couvrir vos visages de voiles et vos épaules de manteaux ; dans cette partie du donjon, vous trouverez les vêtemens nécessaires ; allez vous en couvrir, puis après je vous dirai ce que j'attends de vous.

SAINT-LUC.

Je vois ce que c'est ; je l'aurais déjà deviné sans son air solennel... Le seigneur de Livry nous a préparé une mascarade à la Vénitienne, un joyeux bal chevaleresque... Allons, Messieurs, satisfaisons aux désirs du noble comte ; Jarnac nous conduira...

(Les conviés s'éloignent.)

Scène 5me.

LE COMTE.

Oui, fète chevaleresque, inaccoutumée, où il y aura concert de larmes et orgie, non pas orgie bacchique, comme à la cour d'Henri III, le roi de la débauche; mais orgie de sang, dont cette voûte ensevelira les cris... Il faut apprendre à ceux qui déshonorent de nobles blasons, qu'il est un lieu où on les juge... (Aux conviés.) Venez, Messeigneurs, venez savoir à quelle fète je vous convie. (Ils reparaissent.)

Scène 6me.

LE COMTE, LES CONVIÉS, SAINT-LUC.

LE COMTE.

Vous souvient-il, Messieurs, de l'action sanglante du sire de Baleins? Après six mois, la cour en est encore épouvantée ; les femmes parlent avec horreur de cet époux juge, et les époux, la plupart faibles et lâches, n'osent dire tout haut que celui qui a vengé son honneur outragé, a fait un acte de chevalier loyal et courageux. Vous vous rappelez qu'après avoir fait le procès au suborneur, il fit de même à l'égard de sa coupable épouse... qu'il suppléa, par sa ferme volonté, à la faiblesse des lois... Eh! bien, messieurs, la honte est la même que celle que Baleins avait à venger, la position des coupables est la même... comme alors, les lois dorment, mais un homme outragé veille... cet homme, c'est le sire de Livry.

TOUS.

Vous, seigneur?...

LE COMTE.

Il avait d'abord pensé à demander des juges pour les coupables, et c'est vous qu'il avait désignés pour ce procès à faire... mais rassurez-vous... vous ne m'offrez pas assez de garantie ; votre tolérance d'hommes de cour ne donne pas à vos âmes l'énergie que ce mandat exige... vous serez là, pour dire que le sire de Livry ne fut pas un assassin... vous serez témoins, mes-

sieurs... moi je serai juge loyal sous vos yeux, et puis après, exécuteur impassible... Eh ! bien, Messieurs, puis-je compter sur vous ?

SAINT-LUC.

Noble comte, je ne puis accepter un jugement hors des règles habituelles, et ces messieurs pensent comme moi.

LE COMTE.

Je comprends... cette tâche est au-dessus de vos forces ; vous deviendriez bien les complices d'une séduction, vos épées se tireraient pour assurer une honteuse victoire à un ami qui vous demanderait appui pour son crime; mais moi, je vous demande de témoigner, par votre présence, de la justice de ma cause et de la loyauté de ma vengeance; et vous hésitez, n'est-ce pas ? Eh! bien, libre à vous de me refuser; mais aucun de ceux ici présens, ne pourra se vanter à la cour d'Henri III, de cet acte honteux d'abandon. Ce donjon , forte et bonne citadelle, s'est fermé sur vous pour ne plus s'ouvrir... la seule issue en est gardée, croyez-moi bien... et vos dagues seraient impuissantes pour vous ouvrir un passage... d'ailleurs, j'ai eu soin , en vous faisant revêtir ce costume, de faire enlever vos armes .. Assistez donc, messieurs, à l'arrêt d'un coupable, ou bien en refusant, signez le nôtre à tous... Choisissez, messieurs, voyez ce qui vous reste à faire ?

SAINT-LUC (à part).

Ma foi, alors, j'aime beaucoup mieux siéger... (Haut.) Sire de Livry , vous avez mal interprêté nos scrupules... si vous nous aviez dit le nom du coupable...

LE COMTE.

Le nom de l'infâme?... est-ce donc encore un mystère?... c'est sire de Beaumont.

TOUS.

Sire de Beaumont !

SAINT-LUC.

Un huguenot... messeigneurs... (Se retournant vers Livry, après avoir consulté les autres.) Sire de Livry, tous ces messieurs siégeront... ils sont tous bons catholiques...

LE COMTE.

Jarnac, amène le prisonnier ! Et vous, messieurs , prenez place.

SAINT-LUC. (A part.)

Sire de Beaumont?.. ah! noble Comtesse, bien m'en a pris de ne pas poursuivre mon tendre servage... Dieu me préserve de vous regarder jamais, à l'avenir, du coin de la paupière !

Scène 7me.

LES MÊMES, SIRE DE BEAUMONT.

LE COMTE.

Sire de Beaumont, ce siége vous est destiné. Ici, c'est la continuation de la fête dont vous avez suivi les préparatifs avec joie ; disposez-vous à en voir la fin avec courage.

BEAUMONT.

Victime de la plus infâme trahison, sous le poids des fers que la force m'a imposés, au milieu d'une fête qui, sans doute était un piége, mon corps est prisonnier, je vous le livre. Quelque soit le but de ma captivité, je ne trahirai aucun des secrets de Henri de Navarre, et j'aime à penser, que je ferai ce que feront tous mes frères d'armes, arrêtés probablement comme moi ailleurs, par des hôtes aussi loyaux que le comte de Livry.

LE COMTE.

Sire de Beaumont, qui cherchez-vous ici à tromper? Est-ce nous, ou vous-même? Croyez-vous qu'Henri III n'ait pas d'autres moyens de vous réduire tous, que de vous prendre au piége un à un? Si vous êtes mon prisonnier, ce n'est pas comme loyal chevalier défendant sa foi religieuse ; mais comme le lâche ravisseur de la noble épouse de votre hôte.

BEAUMONT.

Que dites-vous, sire de Livry?...

LE COMTE.

Là bas, une femme perfide, oublieuse de ses devoirs et de mon amour, vous demandait ce quelles demandent et ce qu'elles donnent,toutes, des sermens de tendresse, de mutuelles et longues sympathies, des mensonges enfin ; ici, à nous juge et témoins, c'est la vérité qu'il faut, c'est la vérité qui est à dire.

BEAUMONT (à part).

Il sait tout.

LE COMTE.

Répondez ; la comtesse de Livry vous connaissait, sire de Beaumont, avant de devenir mon épouse?

BEAUMONT.

Vers elle se portaient alors tous les regards attentifs, tous les hommages les plus respectueux. Comme dans une cour brillante, on remarque la plus belle des nobles dames... ainsi je connaissais la noble comtesse.

LE COMTE.

Sans doute, il y eut entre vous des projets d'alliance ; et l'un et l'autre, vous avez cru que deux cœurs qui s'étaient promis, contractaient un pacte de trahison qui devait tôt ou tard se réaliser. Vous êtes venu dans le château de Livry, avec espoir de voir la Comtesse, de la conduire à la trahison, en lui rappelant la foi promise...

BEAUMONT.

La Comtesse est pure, son hymen est sans tache... C'est le seul mot que vous obtiendrez de moi.

LE COMTE (continuant).

Un'rendez-vous fut convenu, au moment où je partais avec Saint-Luc pour la cour, vous vous séparâtes de nous, avec intention de revenir au château... n'est-ce pas ?

BEAUMONT.

Qui a pu donner ces détails ?.. Où donc est le témoin qui dépose ? Où sont les preuves qui appuient le soupçon ?...

LE COMTE.

Les preuves, sire de Beaumont!.. les preuves! c'est vous qui les demandez... Osez donc me tendre la main... celle-là... vous me refusez, n'est-ce pas ?.. Eh ! bien, puisqu'il faut des preuves... nous les aurons sous les yeux.. On a dit, messieurs, qu'un chef de brigands avait eu la main mutilée dans la grille de mon manoir ; et maintenant, si vous voulez savoir de quelle main d'infâme, furent détachés ces lambeaux de chairs saignantes... (Il saisit le gant de Beaumont.) Regardez, messieurs.... (Beaumont pousse un cri.) Sire de Beaumont nous dispensera peut-être d'autres preuves?

BEAUMONT (à part).

Marguerite, pour vous sauver l'honneur, je n'ai donc pas assez fait...

LE COMTE.

Eh ! bien, en faut-il plus encore ? Croyez-vous que l'honneur de ma race n'ait aucune vengeance à tirer de l'affront ?... Croyez-vous qu'il y ait trop de supplices pour ce crime?... Sire de Beaumont, au nom de mes aïeux, et devant le portrait du noble connétable, je vous déclare, en mon âme et conscience, coupable d'un crime qui mérite la mort... et c'est la mort que je prononce...

TOUS (répétent surpris).

La mort !

BEAUMONT.

Lâche !... (A part.) Marguerite, puisse-t-il te pardonner à ce prix!.. Pour te sauver, qu'il prenne tout mon sang!

LE COMTE.

Jarnac, que le sire de Beaumont soit conduit dans ce cachot.   (On l'entraîne.)

Scène 8me.

LES MÊMES, excepté SIRE DE BEAUMONT.

LE COMTE.

A vous, messieurs, merci de votre assistance. Je vous demande le silence jusqu'au premier soleil... alors, toute espérance de secours sera vaine, et moi-même, j'irai dire au roi que j'ai fait ce que ses lois auraient dû faire.

SAINT-LUC.

Nous vous donnons notre foi.

LE COMTE.

Landry, rends les armes à ces messieurs, et

reconduis-les jusqu'à la sortie du château...Toi, Jarnac , amène ici la comtesse.

(Jarnac sort.)

Scène 9me.

LE COMTE, seul.

Ce sire de Beaumont... il m'appelait lâche quand je prononçais sa sentence... Lâche !.. ce mot, il n'y a que l'époux de la femme adultère qui ait le droit de le jeter à la face du suborneur...

Scène 10me.

LE COMTE , LA COMTESSE.

LA COMTESSE.

Me voici soumise à vos ordres, monsieur le comte.

LE COMTE

Votre présence était nécessaire ici, madame; pourquoi ne vous y rendiez-vous pas de votre propre mouvement? Ici, comme près de la grille de votre manoir, il peut y avoir secrète conférence, discrète causerie d'amour; entre ces murs, tout est silence et mystère, et votre voix serait entendue ; on y répondrait quand vous prononceriez le nom de sire de Beaumont... car il est là.

LA COMTESSE.

Ah ! monsieur le comte, n'est-il donc aucune pitié dans votre cœur ?

LE COMTE.

Y en a-t-il eu dans le vôtre , quand vous avez rompu tous les liens d'honneur qui vous assuraient mon amour ?... Avez-vous eu pitié de moi quand, dans les ombres du soir, vous avez tramé vos projets de parjure... et que l'épouse du sire de Livry s'est abaissée au rang de courtisane?

LA COMTESSE (à genoux.)

Tuez-moi... tuez-moi... sire de Livry , mais ne m'avilisez pas ! (Se relevant et prenant une attitude noble.) Il y a des secrets, monsieur le comte, que l'accusée garde quelquefois dans son ame, par pitié pour le juge... il est de ces aveux qu'il faut s'arracher violemment, ou bien on ne trouverait plus en soi la force nécessaire à la révélation... J'avais des devoirs à remplir envers vous, sire de Livry, mon noble époux, auquel j'ai été liée par la reconnaissance ; mais un autre avait aussi des droits qu'aucun lien ne pouvait prescrire ni anéantir.. Sire de Beaumont m'avait aimée; mon amour avait payé le sien; et quand il fallut obéir à ma famille qui me demanda d'acquitter, par un sacrifice , la reconnaissance que je vous devais, pour avoir sauvé mon père, j'obéis, sire de Livry... Beaumont eut sur son ame une force égale à la mienne : il s'éloigna ; mais il vint une époque où il comprit qu'en perdant tous ses droits à ma possession , on n'avait pu lui ravir un titre que la nature lui conservait en dépit des lois... et ce titre, sire de Livry ... il se le rappela sept mois après notre mariage... (les yeux baissés.) Le jour où je devins mère...

LE COMTE.

Malédiction ! ! (Il la saisit par le bras, elle se met à genoux.)

LA COMTESSE.

Quelques momens de calme, sire de Livry... entendez la confession entière... et puis après, pour Marguerite, il adviendra ce que pourra... A cette époque, une seule fois, je fis parvenir une missive au sire de Beaumont... La circonstance le demandait... je lui rappelais ses promesses d'éloignement... Il les observa religieusement et long-temps... Un jour, ce fut celui où sire de Saint-Luc nous l'amena... il y manqua, il succomba sous le désir de me revoir un moment... mais cet entretien, je le jure, sire de Livry, me trouva fidèle à mes devoirs ; et sire de Beaumont, en se rappelant ma faiblesse d'amante, ne chercha point à flétrir ma renommée de chaste épouse... Dans le présent , tous deux nous pouvons nous montrer dignes et fiers de nos actions ; pour le passé, nous sommes coupables l'un comme l'autre... pourquoi donc est-il seul la victime ?

LE COMTE.

Parce que telle est ma volonté... Je suis le seul juge, et seul je désigne le victime ; sire de Beaumont est condamné, il attend la mort ; il la recevra de ma main...

LA COMTESSE.

Ciel !

LE COMTE.

Aux exécutions publiques on a remarqué que les nobles dames sont toujours en nombre comme spectatrices... Elles s'émeuvent aux préparatifs de l'agonie... elles prennent plaisir aux souffrances du patient... vous verrez de près ce spectacle... Marguerite... C'est pour assister au dernier soupir du sire de Beaumont, que je vous ai fait mander.

LA COMTESSE.

Horreur ! horreur !

LE COMTE.

Je veux que vos bouches, qui se parlaient un perfide langage, se renvoient des cris de douleur et de désespoir; je veux que vos regards, si tendres naguère, se jettent des adieux éternels...

LA COMTESSE.

Ah ! c'est trop de cruauté; mais, je le répète, je suis aussi coupable que lui... A moi le supplice !... à moi les tortures !... à moi les coups de votre poignard !... Frappez !... frappez le... Epargnez-le !...

Scène 11me.

LES MÊMES, LANDRY.

LE COMTE.

Qui ose pénétrer ici ?...

LANDRY.

Mon noble maître, une dépêche de la cour qu'un page a apportée en toute hâte, et qu'il a recommandé qu'on vous remît à l'instant même...

LE COMTE (À part).

Le secret aurait-il été trahi par les témoins ? Le sceau du Roi ! (Il lit.) « Toutes les tentatives de rapprochement, entre le parti catholique et le parti calviniste, ont été vaines... la trève est rompue.. cependant, pour éviter une trop grande effusion de sang, moi, Henri III, et le prince de Navarre, avons consenti à soumettre une question de partage, aux chances d'un combat entre dix de nos braves capitaines et un égal nombre de capitaines ennemis ; nous avons, à cet effet, désigné le noble et vaillant comte de Livry, pour se mesurer avec un adversaire que le sort a décidé être le sire de Beaumont, calviniste. » Le sire de Beaumont !... « Le combat devra avoir lieu, toute chose cessante, avant la première aurore, dans les règles fixées pour les luttes chevaleresques... »

LA COMTESSE (à part).

Quelle peut être cette nouvelle ?.. comme il est agité !

LE COMTE (à part).

Sire de Beaumont !... Un moment plus tard, on m'aurait accusé peut-être de lâcheté ; on aurait dit que je l'avais assassiné pour ne pas me mesurer avec lui... (Haut.) Qu'on ôte les fers au sire de Beaumont... et qu'il soit conduit ici.

LA COMTESSE.

O mon Dieu ! mon Dieu ! (A part.) D'où peut venir ce secours inattendu ?..

LE COMTE.

Qu'il soit libre !.. on veut qu'il vive !..

LA COMTESSE.

Bonheur inespéré !...

LE COMTE.

Votre joie éclate, madame... modérez-la, car elle sera de courte durée ; un ordre du roi, mon maître, me met les armes à la main contre le sire de Beaumont... ne faites pas des vœux trop ardens, des prières trop ferventes pour son triomphe, n'élevez pas de folles pensées d'amour sur la possibilité de ma défaite... ma mort sera la vôtre... (A Landry.) Landry, monte au beffroi qui domine le val du vieux moustier où la lutte aura lieu. Pour donner avis des résultats du combat aux vedettes qui les transmettront au camp royal, tu marqueras, par un coup de cloche, mon entrée dans l'arène ; si je reçois une blessure, qu'un second tintement de beffroi l'an-

nonce, et le troisième son de cloche serait le signal de ma mort... Toi, Jarnac, tu resteras là, près de cette statue. (A la comtesse.) Vous avez entendu parler, Marguerite, de l'oubliette du connétable ?

LA COMTESSE.

Oui, je sais quel trépas on y trouve... je sais quel génie infernal a créé cet instrument de mort.

LE COMTE (à Jarnac).

Eh bien ! dès que le troisième coup, signal de ma mort, se fera entendre, Jarnac, que le ressort de la bascule agisse pour ma vengeance...

Scène 12me.

LES MÊMES, BEAUMONT.

LE COMTE (lui donnant la lettre).

Lisez, sire de Beaumont.

BEAUMONT (après avoir lu, à part).

Se peut-il ?... (Haut.) Du moins, si vous me tuez à présent, comte de Livry, ce sera en loyal chevalier.

LE COMTE.

Les armes au sire de Beaumont. (On entend les fanfares.) Déjà les fanfares se font entendre ; il doit nous tarder à tous deux de nous chercher le cœur au bout de la dague.

BEAUMONT.

Maintenant les armes sont égales, comte de Livry.

LE COMTE.

Oui, elles sont égales, car je vous jure, sur l'honneur, de ne me servir, comme vous, que de la main droite.

BEAUMONT.

Ce n'est plus un homme chargé de chaînes qui subit le joug d'un prétendu juge, armé du poignard, ce sont deux bons bras avec de bonnes épées qui vont se mesurer.

LE COMTE.

Saint-Luc et de Monvielle sont mes seconds.

BEAUMONT.

Moi, je trouverai pour les miens Robert et Tarqueville...

LE COMTE.

A moi les armes du connétable, jamais elles n'ont trahi sa vaillance... (Il prend l'épée du connétable.)

LE COMTE, BEAUMONT.

Marchons !
(Ils sortent, les fanfares redoublent.

Scène 13me.

LA COMTESSE.

Condamnée à vivre, si Arthur meurt... à mourir s'il échappe, voilà ma destinée !.. Puisse la fin de ma triste existence payer les sacrifices que son amour a faits à mon repos ; ce serait une faible récompense que j'offrirais avec joie à ce dévouement héroïque, dont le ciel l'a rendu si cruellement victime... Oh ! qu'il vive et que je meure... Ici je puis penser à lui sans être coupable... Je ne suis plus de ce monde, moi.. toutes mes chaînes sont rompues , toutes, excepté celles qui me rattachent à lui par le souvenir... Je ne le reverrai plus. (Elle s'appuie contre une meurtrière grillée, pratiquée dans le mur du donjon.) Le lieu du combat est là..... sous mes yeux.... (On entend sonner des fanfares.) Des hommes d'armes en font les apprêts... la foule se précipite de ce côté... D'ici, je lirai mon arrêt...

Scène 14me.

LA COMTESSE, JARNAC, LANDRY,
UN ENFANT.

LA COMTESSE.

On ouvre... que me veut-on ?...

LANDRY.

Par les ordres de mon maître , je vous amène votre fille, madame la comtesse.

LA COMTESSE.

Ma fille ! ma fille ! (Elle l'embrasse.) Il y a donc encore de la pitié dans ce cœur d'homme si cruel !.. il a compris que les tortures de la mort seraient adoucies par la vue de ma fille... (Elle prend ses bijoux.) Tiens, Jarnac, tiens, Landry, acceptez, acceptez ; qu'est-ce que tout cela, comparé au bonheur que vous me donnez.. prenez, prenez, vous m'avez amené ma fille.

LANDRY.

Le second signal des fanfares vient d'annoncer que le combat va commencer, je monte à la tour du beffroi... et toi, prends ton poste , près la statue du connétable.

JARNAC.

C'est la volonté du maître...

LANDRY.

Tu te souviens bien de ce qu'il a ordonné?.. Je donnerai un premier coup de beffroi à son entrée en lice... un second, s'il est blessé ; et le troisième serait le signal de sa mort... Tu sais alors ce qu'il te reste à faire ?

JARNAC.

Oui.

LA COMTESSE (elle embrasse sa fille, écoute avec inquiétude fermer le cachot.)

La porte se ferme.. Mais quelle affreuse pensée me saisit. (A Jarnac.) Et l'enfant ?...

LANDRY.

Le comte ordonne qu'il ait le même sort que sa mère.

LA COMTESSE.

Oh ! non, non... Le barbare, en me donnant ma fille, n'a pas voulu me préparer une consolation , c'est une torture de plus qu'il m'a en-

voyée... (Pause.) Oh ! ce n'est pas possible... ce serait trop cruel!.. Au premier signal du beffroi on viendra chercher cette chère petite créature... sa vie n'est pas vouée si jeune au supplice... elle grandira plus heureuse que sa pauvre mère , un tigre ne lui refuserait pas pitié !... (Elle l'embrasse, le premier coup se fait entendre, elle se lève et regarde.) Ils vont entrer en lice... je le vois !.. je le vois !.. Arthur !... il tourne les regards vers le donjon... ses yeux ne rencontreront pas les miens... mais on ne vient pas... je n'entends aucun bruit... Jarnac... Jarnac... Landry... Landry... mon Dieu! mon Dieu ! venez donc, venez donc... (Elle frappe , puis retourne à la meurtrière.) Ils sont aux mains ; mon époux attaque Arthur avec furie... il se défend vaillamment... le comte à son tour, recule devant l'épée de son adversaire... Arthur redouble d'ardeur... ô mon Dieu ! pour qui dois-je prier ? Si Arthur est vainqueur, mon enfant meurt sous mes yeux... Fut-il jamais une alternative plus horrible pour une mère ? (Deuxième coup de beffroi.) Le sire de Livry est blessé... mon Dieu ! mon Dieu ! il se débat... Beaumont le presse... ma fille... ma fille... Jarnac... Jarnac... que faire?.. monstres, ouvrez donc... dans une minute, la mort pour mon enfant... Le comte est terrassé... le précipice vas s'ouvrir sous nos pas.... Chère enfant.... viens... là... non... non... ici... pas un refuge.. ah !... (Elle prend son enfant , lui attache une écharpe au corps, va le suspendre à la fenêtre, et attache l'écharpe à un barreau; à peine l'a-t-elle fait, que le troisième coup de beffroi sonne.) Ah ! (Elle tombe évanouie. Silence.)

Scène 15me.

LA COMTESSE, JARNAC, LANDRY,
BEAUMONT, HOMMES D'ARMES.

JARNAC.

C'est le troisième coup de cloche que je viens d'entendre; le sire de Livry est tué... (Il hésite s'il fera jouer le ressort.) Non , je n'en ai pas le courage... On vient ici... c'est le sire de Beaumont.

BEAUMONT (à Jarnac).

Ouvre cette grille. (Jarnac l'ouvre.) Mon enfant !... (Il le détache.) Marguerite !... grand Dieu !... morte !

Scène 16me.

LES MÊMES, LE COMTE, LANDRY.

LANDRY.

Le sire de Livry , blessé mortellement , a voulu être conduit ici. (On l'apporte sur un brancard.)

LE COMTE.

Je veux mourir devant l'image de mon noble aïeul... (A Jarnac.) Jarnac, cette grille est ouverte... Malheureux, tu m'as trahi... elle vit encore!..

JARNAC.

Mon noble maître, un long combat s'est livré dans ce cœur... je vous ai promis fidélité ; mais à la noble comtesse qui m'avait comblé de bienfaits , et dont le père avait sauvé le mien , j'avais juré reconnaissance , et la lutte de mon cœur et de mon devoir durait encore , quand celle du champ-clos était terminée.

BEAUMONT.

Non, non, son cœur bat sous ma main , elle n'est qu'évanouie.

LE COMTE.

Quelle est donc cette voix !... je la reconnais.

JARNAC.

Le sire de Beaumont a pénétré ici , et...

LE COMTE.

Le sire de Beaumont !... ils sont ensemble!.. Eloignez-vous, tous... Va ! va !

(Jarnac et les valets sortent.)

LA COMTESSE (revenant à elle)

Arthur !... ma fille !... (Elle l'embrasse.)

LE COMTE.

C'est donc moi qui accomplirai seul l'œuvre de ma vengeance... elle sera complète... dans un instant nous serons tous réunis.,... tous... (Il se traîne.) et là-haut, nous expliquerons nos haines. (Même jeu.)

LA COMTESSE.

Mais il a donc succombé, lui ?... Mon Dieu ! pardonne-lui , il devait me plaindre et non me haïr... pardonne-lui...

LE COMTE.

Mes forces me trahissent. Ah ! ah ! ah ! je vais atteindre le fatal ressort . je le tiens... Ah !

(Il pousse un cri et tombe.)

Scène 17me et dernière.

LES MÊMES, JARNAC.

BEAUMONT (accourant avec Marguerite près du comte de Livry.

Ce cri !... c'était le sire de Livry!

JARNAC.

Près de la statue !... il voulait accomplir son terrible projet !

BEAUMONT.

Son dernier soupir était un vœu de vengeance.

LA COMTESSE (s'agenouillant).

Il expire !... paix à son âme.

TABLEAU. (La toile tombe.)

FIN.

9 782329 288369